NATIONAL GEOGRAPHIC

Jamestown

EDICIÓN PATHFINDER

Por Fran Downey y Lana Costantini

CONTENIDO

Recreando la historia
La exposición de este museo recrea la vida en Jamestown entre 1610 y 1614.

Celebra a Jamestown

Por Fran Downey

¿CUÁL FUE EL SUCESO MÁS IMPORTANTE en la historia de los Estados Unidos? ¿Fue acaso el desembarque de los colonizadores en Plymouth Rock? ¿Y qué decir de la Revolución o la Guerra Civil?

Es difícil decidir porque todos son sucesos importantes. Sin embargo, es posible que la fundación de Jamestown haya sido el más importante. Después de eso, todo cambió en los Estados Unidos... hasta los gusanos.

Tal vez te preguntes qué tienen que ver los gusanos con la historia, pero pronto hablaremos de eso. En primer lugar, tenemos que aprender sobre Jamestown.

Tal vez pienses que ya sabes cosas sobre Jamestown. Quizás incluso hayas visto una película sobre ese lugar. Bien, la historia real es muy diferente, así que vamos a llegar al fondo de la historia de Jamestown.

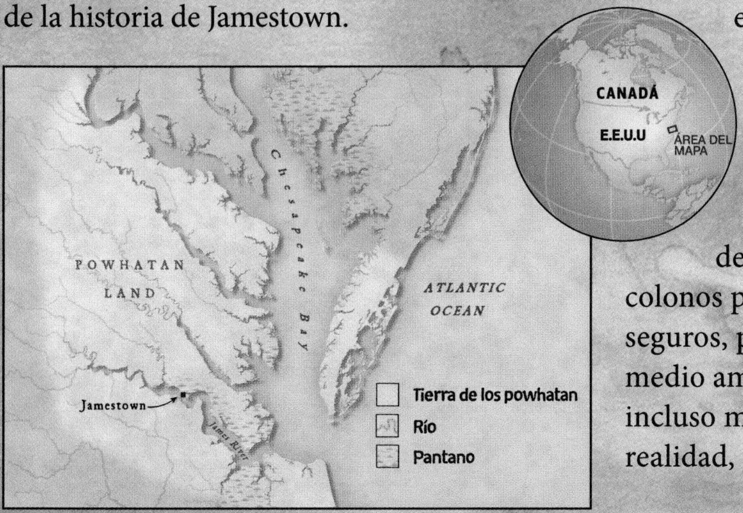

Una tierra peligrosa

El 14 de mayo de 1607, tres barcos llenos de **colonos** echaron anclas en la ribera del río James en lo que ahora es Virginia. Los navegantes habían zarpado desde Inglaterra para fundar una nueva **colonia**, que llamaron Jamestown.

Los colonos no pudieron escoger un peor lugar para **asentarse.** Era un lugar pantanoso y lleno de mosquitos, y además había muy poca agua potable. Y lo que era peor, el área sufría una gran **sequía.**

Pero los colonos también enfrentaron otras dificultades. Tenían que protegerse de los enemigos. En primer lugar, Inglaterra y España estaban luchando entre sí en ese momento, y los colonos tenían miedo de que los barcos españoles los atacaran.

En segundo lugar, los colonos temían que un grupo de amerindios, los Powhatan, los atacara. Para protegerse, construyeron un fuerte en forma de triángulo. Dentro del fuerte, los colonos pensaban que estarían bastante seguros, pero estaban equivocados. El nuevo medio ambiente amenazaba a los colonos incluso más que los mismos amerindios. En realidad, casi los aniquiló.

Un nuevo hogar
Los primeros colonos llegaron a Jamestown luego de pasar cinco meses en el mar.

¿Rumbo a casa?

La sequía provocó muchas dificultades. El agua era escasa, las cosechas no crecían y los animales no encontraban plantas para comer. Muy a menudo, los colonos sufrían hambre y sed.

Sin alimentos, los colonos comenzaron a comer cualquier cosa que conseguían. Devoraron gatos, perros, caballos y ratas. Incluso hirvieron almidón de algunas de sus ropas para hacer una sopa espesa. Pero, aun así, se siguieron muriendo de hambre.

Sedientos, los colonos bebieron agua del río James, pero no fue una buena idea pues a menudo el agua de este río estaba enlodada y salada. Beber esta agua enfermó gravemente a los colonos, y muchos de ellos murieron. Otros murieron de hambre. Los colonos llamaron a esta etapa "el período de la hambruna".

Casi dos años después de que los colonos fundaran Jamestown, decidieron regresar a casa. Agotados, cargaron un barco y se prepararon para partir. Justo a tiempo llegaron barcos con provisiones, y la colonia se salvó.

Las cosas comenzaban a mejorar para los colonos. Más colonos se mudaron de Inglaterra a Jamestown. Uno de ellos fue un hombre llamado John Rolfe.

Una vida mejor

John Rolfe se estableció en Jamestown tres años luego de que se fundó la colonia. Finalmente, las cosas en Jamestown empezaban a mejorar. Pronto terminó la sequía.

La situación continuó mejorando. En 1614, Rolfe se casó con Pocahontas, la hija más joven del jefe powhatan, el líder del pueblo powhatan. El matrimonio trajo la paz entre los colonos y el pueblo powhatan.

Rolfe también consiguió que un capitán trajera semillas de tabaco a Jamestown. Muy pronto, los colonos comenzaron a cultivar y a vender tabaco. Una planta que crece y se conoce como cultivo comercial.

Cada vez más personas se fueron mudando a Jamestown. Muchos querían venir, pero otros vinieron a la fuerza. Hubo secuestradores que trajeron personas de África a Jamestown, y allí los obligaron a trabajar. Al cabo de pocos años, algunos de estos africanos fueron liberados, pero otros siguieron esclavizados.

Las personas esclavizadas trabajaron en los campos de tabaco y construyeron casas para sus propietarios. Ellos se encargaron de hacer la mayor parte del trabajo para construir la colonia; sin embargo, nunca les pagaron. Para ellos, Jamestown y los Estados Unidos no ofrecieron una mejor vida.

Una tierra cambiante

Los colonos cambiaron la tierra alrededor de Jamestown de muchas maneras. Para empezar, talaron bosques y cultivaron cosechas.

Los colonos también trajeron nuevos animales y plantas a los Estados Unidos. Ganado, gallinas, cabras, caballos y cerdos domésticos, todos hicieron la travesía hasta Jamestown. Ninguna de estas especies vivía en América antes de que los colonos las trajeran.

Algunos de los animales extraños más pequeños que trajeron los colonos, como las abejas de miel y los gusanos, provocaron grandes cambios.

Antes de 1607 no existían los gusanos en algunas partes de los Estados Unidos. Las lombrices de tierra y los gusanos no se arrastraban por el suelo.

Estos gusanitos cambiaron muchas cosas. Se comieron las hojas que cubrían los suelos del bosque. En el pasado, esas hojas fertilizaban y protegían el suelo. Sin las hojas, la lluvia comenzó a llevarse los nutrientes, lo que hizo más difícil que crecieran algunas plantas típicas.

Mientras que los gusanos hicieron que fuera más difícil que crecieran algunas plantas típicas, las abejas facilitaron el crecimiento de ciertas plantas extrañas. Las abejas trabajadoras ayudaron en la polinización de la sandía, los manzanos y los duraznos. Sin las abejas, estas plantas nunca hubieran sobrevivido en los Estados Unidos.

En busca de la seguridad. *Poco tiempo después de su llegada, los colonos construyeron un fuerte triangular de madera.*

Verdaderos sobrevivientes

Los colonos de Jamestown pasaron tiempos difíciles, pero sobrevivieron. Jamestown fue la primera colonia inglesa que tuvo éxito en los Estados Unidos. Luego aparecieron más colonias.

Las personas de esas colonias transformaron la tierra de muchas maneras. Así lo hicieron también las plantas y los animales que trajeron. Juntos, estas colonias, las plantas y los animales crearon el Estados Unidos que conocemos hoy.

Vocabulario

asentarse: comenzar a vivir en un lugar de forma permanente

colonia: comunidad que forma parte de un país distante

colono: persona que vive en una colonia

sequía: período con poca o nada de lluvia

¿Qué te llevarías a Jamestown?

IMAGINA que estás inmigrando a Virginia en 1607 y eres uno de los primeros colonos de Jamestown. Sabes muy poco sobre el lugar donde planeas asentarte. Sólo unas pocas personas de tu país han estado alguna vez allí. ¿Qué llevarías contigo para que te sirva para vivir en esta nueva tierra extraña?

¿No sabes por dónde comenzar? Mira las fotos de estas páginas para ayudarte a decidir. Estos fueron artefactos que realmente pertenecieron a las personas que se asentaron en Jamestown en 1607. Los arqueólogos encuentran estos y otros objetos similares al explorar el lugar donde estuvo la colonia original en Jamestown.

ARTÍCULOS DEL HOGAR

Botella, jarra y tarro. Los pobladores de Jamestown trajeron desde Inglaterra platos y otros artículos del hogar.

HERRAMIENTAS

Anzuelos de pesca. Los pobladores de Jamestown planeaban cazar y cultivar sus propios alimentos en el Nuevo Mundo. Para lograrlo, trajeron herramientas (como anzuelos de pesca) desde Inglaterra.

Tijeras, alfileres y dedal. No existían tiendas de ropa en el Nuevo Mundo. Los colonos trajeron herramientas como estas para ajustar su ropa cuando fuera necesario.

ARTÍCULOS PERSONALES

Llaves. Al principio, no había casas en Jamestown. Los pobladores utilizaron llaves como estas para guardar sus pertenencias en cofres de madera.

Mondadientes. Uno de los colonos trajo consigo este mondadientes de plata para mantener sus dientes limpios.

Juegos. Al principio, la vida era dura en Jamestown. Pero igual había tiempo para los juegos, como lo demuestran estos objetos.

Un sendero para

Hace cuatrocientos años, el capitán John Smith hizo historia al explorar la Bahía Chesapeake. En la actualidad, un sendero nacional te permite volver a recorrer sus aventuras.

Por Lana Costantini

NO ES SORPRENDENTE que los amerindios eligieran vivir a lo largo de las costas de la Bahía Chesapeake. Bañando los estados de Maryland y Virginia, la bahía está llena de fauna silvestre. Praderas submarinas de algas proporcionan un hogar a minúsculos camarones y peces gigantes llamados esturiones. Las aguas están repletas de cangrejos azules, ostras y almejas. Venados, zorros grises y visones viven juntos en los bosques a lo largo de su ribera.

Gracias a estos animales, los amerindios tenían bastantes alimentos. Los exuberantes bosques también proveían la madera para fabricar casas y cocinar. Como resultado, la población aumentó. Unos 100.000 amerindios vivían cerca de la bahía hace 400 años. Los nombres de estos pueblos eran powhatan, piscataway y nanticote, y sus poblaciones salpican las tierras que rodeaban la Bahía Chesapeake.

Seguramente has oído hablar de una de esas amerindias. Su nombre era Pocahontas, y era la hija de un poderoso jefe. Su mundo cambió para siempre en 1607.

Explorando Chesapeake

En ese año, un explorador llamado John Smith cruzó el Océano Atlántico a bordo de un vetusto barco inglés. En la primavera de 1607, Smith ayudó a construir la colonia inglesa de Jamestown, Virginia. Fue la primera colonia inglesa que se asentó con éxito en Norteamérica.

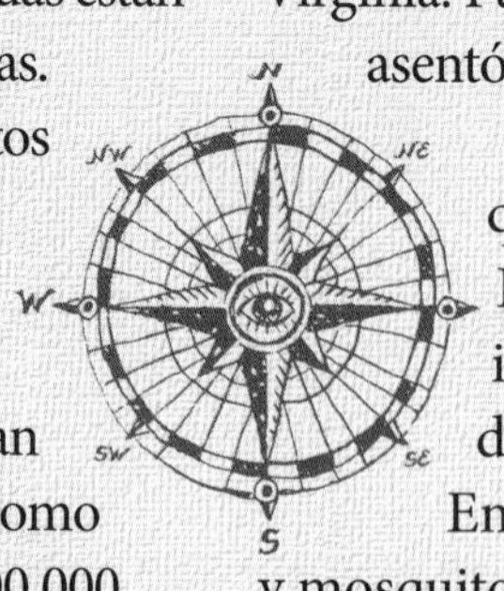

Smith fue el primer europeo que exploró la Bahía Chesapeake. Lideró a su equipo en varios viajes importantes. En total, viajaron más de 4.800 kilómetros (3.000 millas). Enfrentaron hambre, calor, tormentas y mosquitos. En algunas ocasiones los amerindios los atacaron.

Al inicio de sus viajes, Smith fue capturado por el pueblo powhatan. Rehusó aceptar a su líder como jefe, por lo que este lo mandó matar. Entonces intervino la hija favorita del líder, Pocahontas, quien pidió a su padre que le perdonara la vida a John Smith. El líder aceptó y luego liberó a Smith.

recorrer

Barcos históricos. *Estos barcos son réplicas de tamaño real de aquellos que llevaron a los colonos a Jamestown en 1607.*

La Virginia de John Smith. *Esta es una copia del mapa que hizo John Smith cuando exploró la Bahía Chesapeake.*

Trazando el mapa de la travesía

El hecho de haber estado cerca de morir no hizo que Smith renunciara a sus exploraciones. Él y sus hombres siguieron buscando oro y plata. También trataron de encontrar el Pasaje del Noroeste, una ruta que los europeos creían que existía para viajar más allá de América y llegar a Asia.

En su lugar, Smith encontró un tesoro diferente. Era una "bahía considerable" rodeada por una "tierra fructífera y encantadora".

Smith tomó notas detalladas sobre la tierra y el agua. Dibujó borradores de lo que vio e hizo un mapa de la región. Hacia 1600, los colonos ingleses utilizaron el mapa de Smith para explorar la bahía y decidir dónde vivir.

El mapa de Smith de la bahía se ha convertido en un tesoro histórico. Sorprendentemente, es bastante preciso. Los geógrafos modernos pueden reconocer con facilidad los ríos y las costas. El mapa también posee valiosos dibujos sobre la vida de los amerindios y está marcada la ubicación de docenas de pueblos.

La "bahía considerable" en la actualidad

El capitán John Smith

La región de Chesapeake ha atraído a muchas más personas desde la época de Smith. En la actualidad, 16 millones de personas viven cerca de la bahía, con grandes ciudades que crecen a lo largo de muchas de sus vías fluviales.

A través de los años, las sustancias químicas de las fábricas y granjas han contaminado algunos de los ríos que desembocan en la bahía. Leyes tales como la Ley de agua limpia han comenzado a revertir algunos de los daños. A pesar de los problemas, la bahía sigue sirviendo de hogar a 348 clases de peces y a 173 tipos de mariscos.

Explorar Chesapeake del modo en que lo hizo John Smith puede parecer imposible; sin embargo, es mucho más fácil de lo que imaginas. Esto es gracias a un sendero natural que es el primero de su estilo.

Navegando por el sendero

En 2006, el gobierno de los Estados Unidos creó el primer sendero acuático nacional del país: el sendero nacional histórico Capitán John Smith, en Chesapeake. Este sendero marca el mismo camino de las travesías históricas del Capitán John Smith.

Guía del sendero. *Una "boya inteligente" flota en la bahía.*

El sendero comienza en Jamestown, Virginia, en donde Smith comenzó su exploración hace 400 años. Traza el camino que tomó por los ríos James y York en 1607. También sigue sus viajes alrededor de la Bahía Chesapeake en 1608. A lo largo del sendero, los visitantes aprenden sobre las plantas y los animales de Chesapeake y sobre las personas que se asentaron en sus costas.

La mejor forma de recorrer el sendero es en canoa o kayak. También puedes ir en automóvil hasta algunos de los lugares que Smith exploró por tierra. En la era moderna, puedes incluso comenzar a explorar, ¡sin tener que salir de casa!

Guías turísticos de alta tecnología

En la ruta de John Smith, los visitantes encontrarán "boyas inteligentes". Estos guías turísticos de alta tecnología, que flotan a lo largo del sendero acuático, pueden ayudarte a aprovechar tu visita al máximo.

Las boyas tienen mensajes grabados con hechos pasados de la historia y la geografía de la Bahía Chesapeake. Las boyas también envían datos de última hora sobre el clima y la calidad del agua. Los marineros y las personas que planean un viaje pueden recibir esta información llamando a un número telefónico gratuito o entrando en Internet.

John Smith nunca encontró mucho oro, y es muy probable que los visitantes que sigan el sendero nacional histórico Capitán John Smith, en Chesapeake, tampoco lo encuentren. Sin embargo, encontrarán los verdaderos tesoros que halló Smith: bellezas naturales y abundante vida silvestre. O, según las propias palabras de Smith, "una bahía considerable" que vale la pena explorar, disfrutar y proteger.

Tú puedes visitar las boyas de la Bahía Chesapeake y aprender aún más sobre la bahía en buoybay.org.

Feliz recorrido

¿Cuál es la mejor forma de admirar la belleza natural de los Estados Unidos? Puedes caminar, montar en bicicleta y recorrer sus rutas y senderos. Hace más de 40 años, en octubre de 1968, el Congreso de los EE.UU. aprobó la Ley nacional de sistemas de senderos. Su plan era crear senderos bellos e históricos para que los estadounidenses disfrutaran y aprendieran de ellos.

En la actualidad, los senderos nacionales cubren 80.000 kilómetros (50.000 millas) por todo Estados Unidos. Estos senderos incluyen el famoso sendero Appalachian y el Pacific Crest, que se extiende desde Canadá hasta México.

La travesía de John Smith

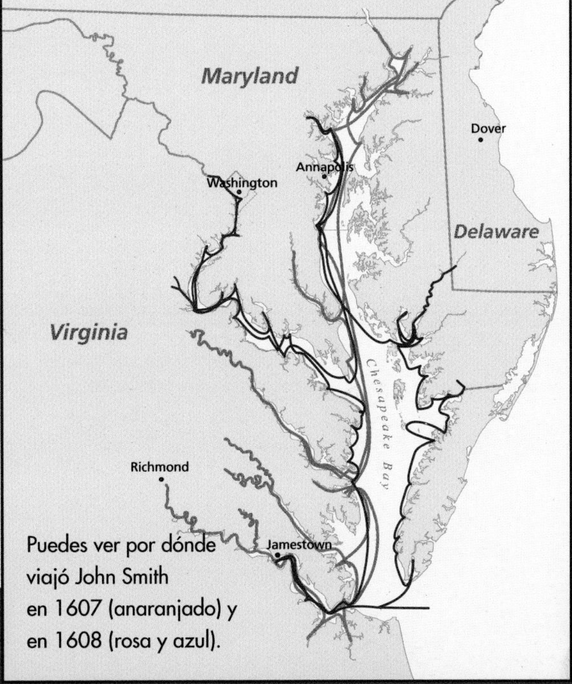

Puedes ver por dónde viajó John Smith en 1607 (anaranjado) y en 1608 (rosa y azul).

Un nuevo mundo

Vuelve sobre los pasos de los colonos de Jamestown para responder a estas preguntas.

1. ¿Por qué tenían que protegerse los colonos de Jamestown? ¿Qué hicieron?
2. Luego de los primeros dos años, la vida mejoró en Jamestown. ¿Qué sucedió?
3. ¿Cómo cambiaron la tierra los colonos de Jamestown?
4. ¿Qué hizo el capitán John Smith en sus exploraciones?
5. ¿Qué es el sendero nacional histórico Capitán John Smith, en Chesapeake? ¿Qué pueden aprender los visitantes gracias a sus “boyas inteligentes”?